U0117822

看屋筆記

SWAY

完全手冊

推文社

CHAPTER **1**

買屋前的通盤思考

地點挑選
location

〔A〕工作地點

〔B〕娘家或婆家

〔C〕熟悉地點

〔D〕目前主要交通工具

〔F〕通勤時間容忍 　　　　　　分鐘內

〔Ｇ〕所以，你可以接受購屋區域：

外部環境條件
environment

〔A〕環境

□清幽　□一樓有店面的住宅區　□熱鬧大馬路上

你要的環境是：

〔B〕學區

□步行距離內有名校　□一般學區就好　□會接送去名校

你的學區考量是：

〔C〕市場

□步行5分有傳統市場　□附近有超市　□假日去量販店採購

開伙的需求與頻率：

〔D〕交通

□附近有捷運站　□有公車可轉捷運　□開車或騎車

你怎麼上班：

〔E〕公園

□正對大公園　□散步一下有公園　□沒有小孩或狗狗

你的活動習慣是：

〔F〕醫院

□開車去大醫院 □走路去診所 □不用醫院

是否有特殊需求：

〔G〕臨棟

□屋齡相近大樓成群 □公寓與大樓混雜 □沒差

對於環境上的要求：

〔H〕其他

□不要有嫌惡設施 □警察局或廢棄大樓可忍受

□消防隊、殯儀館都沒差

你再想想有沒有特別討厭的鄰近建物：

〔I〕以上大環境請做排名，哪個環境條件最重要？

□環境　　□學區

□市場　　□交通

□公園　　□醫院

□臨棟　　□其他

〔J〕備忘事項

社區條件
neighborhood

〔A〕警衛

□戒備森嚴　□有警衛老伯伯　□沒有警衛

你想要的社區是：

〔B〕保全

□室內外多處監視器　□室內有監視　□只限電梯跟大廳

你希望怎樣的安全措施：

〔C〕公設

□有泳池、卡拉OK或健身房　□有花園中庭　□公設越少越好

你期望的公設是：

〔D〕櫃檯

□飯店式管理服務　□有管理員即可　□不必有櫃台

你期待的門面是：

〔E〕社區活動

□定期舉辦活動　□偶爾舉辦就好　□不必有活動

你想要的社區互動形態：

房屋的需求
demand

〔Ａ〕戶數

□一層一戶　□一層兩戶　□一層三戶以上
你能容忍一層最多幾戶：

〔Ｂ〕鞋櫃

□放大門外　□放在客廳旁　□房間塞得下就可以
你想怎樣擺鞋櫃：

〔Ｃ〕客廳座向

□朝南　□朝東　□朝北　□朝西
有沒有特別指定座向：

〔Ｄ〕景觀要求

□客廳與臥室要有開闊景觀　□客廳就好　□沒差
你的景觀需要：

〔Ｅ〕客廳大小

□四米以上方正開闊　□三米以上獨立空間　□不用客廳
你需要的大小：

〔F〕餐廳

□方正有採光　□有就好　□不需要，都在客廳吃飯

你需要的大小：

〔G〕廚房

□ㄇ字型寬敞採光有收納　□一字型獨立廚房　□有就好

你常下廚嗎：

〔H〕臥室數量

□四房或以上　□三房　□兩房剛好　□單人套房

你需要多少間臥室：

〔I〕主臥室功能

□雙人床跟超大衣櫃　□雙人床跟梳妝台　□單人床

主臥室需要多大：

〔J〕次臥室功能

□跟主臥等大並附衛浴　□小孩住的　□當客房或書房

你的第一／二／三間次臥室需要：

〔K〕衛浴要求

□四件式乾濕分離有採光　□一般有採光　□可用就好

你對主臥室衛浴／公用衛浴的要求：

〔L〕臥室數量

□要有前陽台　　□要有後陽台　　□沒有陽台也沒關係

你需要陽台嗎：

〔K〕備忘事項

CHAPTER **2**

走，看屋去囉！

填表格很煩，但可以幫助你留意該注意的基本條件，以及思考你所需要的房屋類型，請參考以下「看屋個案記錄表」範例，之後的表格就可以根據不同的看屋個案，自行填上評比囉！

看屋個案記錄表〈範例〉

帝飽大樓

	資訊	筆記
地址	台北市仁愛路八段1號	你對這一帶熟悉嗎？
建商	宏宏建設	搜尋一下網路評價
完工日期	90年1月1日	10年了，很可能要重新整修
登記用途	一般事務所	不是住宅？
樓高	地上20層/地下5層	好像有點高
樓別	10樓	不想太高？ 不知11樓有沒有水箱？
同層戶數	2戶	還好，很單純
主結構	RC	OK
管理	24小時警衛	老伯伯耶

登記坪數	30坪	差不多
主建物	20坪	……再想想
陽台	2坪	有需要
雨遮	2坪	好像太多
公共設施	6坪	沒有設施
公設比	20%	還算低
房／廳	3房2廳	剛好
開價	1588萬	超高
車位	150萬	有點貴
管理費	80元／坪	2,400元一個月耶！

2012年 1月 1日

看屋個案記錄表 1

	資訊	筆記
地址		
建商		
完工日期		
登記用途		
樓高		
樓別		
同層戶數		
主結構		
管理		

登記坪數		
主建物		
陽台		
雨遮		
公共設施		
公設比		
房／廳		
開價		
車位		
管理費		
	年　月　日	

大廳公設
lobby

〔A〕警衛

□ 戒備森嚴　　□ 有警衛老伯伯
□ 沒有警衛　　□ 其他／備註

〔B〕保全

□ 室內外多處監視器　　□ 室內有監視
□ 只有電梯跟大廳　　□ 其他／備註

〔C〕公設

□ 管理得當　　□ 有些公設如游泳池封起來不用
□ 又舊又髒　　□ 其他／備註

〔D〕櫃檯

□ 飯店式管理服務　　□ 一般辦公桌放在門口
□ 沒有服務　　□ 其他／備註

〔E〕廁所

□ 每日清潔氣味清新　　□ 有點亂，部分有發霉
□ 沒有廁所或是髒臭　　□ 其他／備註

〔F〕隔音

☐ 有人大聲唱歌也聽不到　☐ 有些吵，關門就還好
☐ 聽得到噁心歌聲　☐ 其他／備註

〔G〕亮度

☐ 明亮，晚上才需要開燈　☐ 有些角落沒開燈暗暗的
☐ 白天都是暗的　☐ 其他／備註

〔H〕透視

☐ 從外面只能看到櫃檯　☐ 從外面看到信箱或電梯
☐ 大門永遠開的　☐ 其他／備註

〔I〕植栽

☐ 定期整理，造景美麗　☐ 有些枯枝亂葉
☐ 住戶自己擺盆栽　☐ 其他／備註

〔J〕燈光

☐ 晚上定時外觀夜景投射燈　☐ 節日才開外觀燈
☐ 沒有這個　☐ 其他／備註

〔K〕備忘事項

樓層間
stairway

〔A〕戶數

□一層一戶　□一層兩戶
□一層三戶以上　□其他／備註

〔B〕電梯

□兩部以上，有分客梯與貨梯　□只有兩部電梯
□一部電梯或沒有　□其他／備註

〔C〕採光

□明亮，有自然採光　□有自動感應燈裝置
□省電，都關起來　□其他／備註

〔D〕消防

□有排煙及偵測、滅火等裝置　□有滅火器
□什麼也沒有　□其他／備註

〔E〕鞋櫃

□乾乾淨淨什麼都沒有　□有一些鞋子放門口
□有鞋櫃跟雜物　□其他／備註

室內格局
Indoor

〔A〕採光

□三面開窗　□兩面開窗
□單面開窗　□其他／備註

〔B〕格局

□方正　□長條有缺口
□彎來彎去　□其他／備註

〔C〕客廳

□朝南　□朝東　□朝北
□朝西　□其他／備註

〔D〕大小

□方正開闊四米以上寬、深　□三米以上方正獨立空間
□三米以內　□其他／備註

〔E〕餐廳

□方正有採光　□過道處
□沒有　□其他／備註

〔F〕廚房

□朝南　□朝東　□朝北
□朝西　□其他／備註

〔G〕大小

□ㄇ字型寬敞有採光　□一字型獨立廚房
□一字型開放小廚房　□其他／備註

〔H〕主臥

□朝南　□朝東　□朝北
□朝西　□其他／備註

〔I〕大小

□放雙人床跟大衣櫃也不覺得壓迫　□放不下梳妝台
□空間很擠　□其他／備註

〔J〕次臥

□朝南　□朝東　□朝北
□朝西　□其他／備註

〔K〕大小

□放雙人床跟大衣櫃也不覺得壓迫　□放不下梳妝台
□空間很擠　□其他／備註

〔L〕衛浴

□朝南　□朝東　□朝北
□朝西　□其他／備註

〔M〕大小

□四件式乾濕分離有採光　□不大有採光
□沒開窗狹小　□其他／備註

〔N〕陽台

□朝南　□朝東　□朝北
□朝西　□其他／備註

〔O〕大小

□有工作後陽台　□一堆陽台要外推
□沒有陽台　□其他／備註

〔P〕雨遮

□窗戶外有二十公分寬　□有五十公分寬
□只要窗戶全部都是雨遮　□其他／備註

〔Q〕備忘事項

建材
materials

〔A〕地板

□ 石材或實木地板　□ 抛光石英磚或海島型木地板
□ 一般地磚　□ 其他／備註

〔B〕廚具

□ 鋼琴烤漆櫃體　□ 有造型櫃體
□ 一般美耐板或水晶面板　□ 其他／備註

〔C〕衛浴

□ 一級進口品　□ 和成牌
□ 看起來像山寨的英文品牌　□ 其他／備註

〔D〕窗戶

□ YKK、中華等氣密窗　□ 力霸錦鋐氣密窗
□ 普通鋁窗　□ 其他／備註

〔E〕監控

□ 情境管理系統　□ 螢幕式監控
□ 只有電話機接一樓　□ 其他／備註

〔F〕樓厚

□使用隔音樓版，隔音佳　□厚度二十公分
□一般，十五公分　□其他／備註

〔G〕制震

□半數以上樓層裝有制震設備　□約一半樓層裝
□沒有或裝幾根　□其他／備註

〔H〕電力

□全戶不斷電　□冰箱插頭不斷電
□沒有這個系統或是只有電梯有　□其他／備註

〔I〕空調

□分離式冰水主機系統　□有統一位置的分離式冷氣
□隨便都可　□其他／備註

〔J〕大門

□雙開雕花防爆門　□很重的防火門
□一般鐵門或銅門　□其他／備註

〔K〕備忘事項

物件	看屋個案記錄表 2	

	資訊	筆記
地址		
建商		
完工日期		
登記用途		
樓高		
樓別		
同層戶數		
主結構		
管理		

登記坪數		
主建物		
陽台		
雨遮		
公共設施		
公設比		
房／廳		
開價		
車位		
管理費		

　　　　　　　　　　　　　　　年　　月　　日

大廳公設
lobby

〔A〕警衛
□ 戒備森嚴　□ 有警衛老伯伯
□ 沒有警衛　□ 其他／備註

〔B〕保全
□ 室內外多處監視器　□ 室內有監視
□ 只有電梯跟大廳　□ 其他／備註

〔C〕公設
□ 管理得當　□ 有些公設如游泳池封起來不用
□ 又舊又髒　□ 其他／備註

〔D〕櫃檯
□ 飯店式管理服務　□ 一般辦公桌放在門口
□ 沒有服務　□ 其他／備註

〔E〕廁所
□ 每日清潔氣味清新　□ 有點亂，部分有發霉
□ 沒有廁所或是髒臭　□ 其他／備註

〔F〕隔音

□有人大聲唱歌也聽不到　　□有些吵，關門就還好

□聽得到噁心歌聲　　□其他／備註

〔G〕亮度

□明亮，晚上才需要開燈　　□有些角落沒開燈暗暗的

□白天都是暗的　　□其他／備註

〔H〕透視

□從外面只能看到櫃檯　　□從外面看到信箱或電梯

□大門永遠開的　　□其他／備註

〔I〕植栽

□定期整理，造景美麗　　□有些枯枝亂葉

□住戶自己擺盆栽　　□其他／備註

〔J〕燈光

□晚上定時外觀夜景投射燈　　□節日才開外觀燈

□沒有這個　　□其他／備註

〔K〕備忘事項

樓層間
stairway

〔A〕戶數

□一層一戶　□一層兩戶
□一層三戶以上　□其他／備註

〔B〕電梯

□兩部以上，有分客梯與貨梯　□只有兩部電梯
□一部電梯或沒有　□其他／備註

〔C〕採光

□明亮，有自然採光　□有自動感應燈裝置
□省電，都關起來　□其他／備註

〔D〕消防

□有排煙及偵測、滅火等裝置　□有滅火器
□什麼也沒有　□其他／備註

〔E〕鞋櫃

□乾乾淨淨什麼都沒有　□有一些鞋子放門口
□有鞋櫃跟雜物　□其他／備註

室內格局
Indoor

〔A〕採光

☐ 三面開窗　☐ 兩面開窗
☐ 單面開窗　☐ 其他／備註

〔B〕格局

☐ 方正　　☐ 長條有缺口
☐ 彎來彎去　☐ 其他／備註

〔C〕客廳

☐ 朝南　☐ 朝東　☐ 朝北
☐ 朝西　☐ 其他／備註

〔D〕大小

☐ 方正開闊四米以上寬、深　☐ 三米以上方正獨立空間
☐ 三米以內　☐ 其他／備註

〔E〕餐廳

☐ 方正有採光　☐ 過道處
☐ 沒有　☐ 其他／備註

〔F〕廚房

□朝南　□朝東　□朝北
□朝西　□其他／備註

〔G〕大小

□ㄇ字型寬敞有採光　□一字型獨立廚房
□一字型開放小廚房　□其他／備註

〔H〕主臥

□朝南　□朝東　□朝北
□朝西　□其他／備註

〔I〕大小

□放雙人床跟大衣櫃也不覺得壓迫　□放不下梳妝台
□空間很擠　□其他／備註

〔J〕次臥

□朝南　□朝東　□朝北
□朝西　□其他／備註

〔K〕大小

□放雙人床跟大衣櫃也不覺得壓迫　□放不下梳妝台
□空間很擠　□其他／備註

〔L〕衛浴

☐朝南　☐朝東　☐朝北
☐朝西　☐其他／備註

〔M〕大小

☐四件式乾濕分離有採光　☐不大有採光
☐沒開窗狹小　☐其他／備註

〔N〕陽台

☐朝南　☐朝東　☐朝北
☐朝西　☐其他／備註

〔O〕大小

☐有工作後陽台　☐一堆陽台要外推
☐沒有陽台　☐其他／備註

〔P〕雨遮

☐窗戶外有二十公分寬　☐有五十公分寬
☐只要窗戶全部都是雨遮　☐其他／備註

〔Q〕備忘事項

建材
materials

〔A〕地板

□石材或實木地板　□拋光石英磚或海島型木地板
□一般地磚　□其他／備註

〔B〕廚具

□鋼琴烤漆櫃體　□有造型櫃體
□一般美耐板或水晶面板　□其他／備註

〔C〕衛浴

□一級進口品　□和成牌
□看起來像山寨的英文品牌　□其他／備註

〔D〕窗戶

□YKK、中華等氣密窗　□力霸錦鋐氣密窗
□普通鋁窗　□其他／備註

〔E〕監控

□情境管理系統　□螢幕式監控
□只有電話機接一樓　□其他／備註

〔F〕樓厚

□使用隔音樓版，隔音佳　□厚度二十公分
□一般，十五公分　□其他／備註

〔G〕制震

□半數以上樓層裝有制震設備　□約一半樓層裝
□沒有或裝幾根　□其他／備註

〔H〕電力

□全戶不斷電　□冰箱插頭不斷電
□沒有這個系統或是只有電梯有　□其他／備註

〔I〕空調

□分離式冰水主機系統　□有統一位置的分離式冷氣
□隨便都可　□其他／備註

〔J〕大門

□雙開雕花防爆門　□很重的防火門
□一般鐵門或銅門　□其他／備註

〔K〕備忘事項

物件

看屋個案記錄表 3

	資訊	筆記
地址		
建商		
完工日期		
登記用途		
樓高		
樓別		
同層戶數		
主結構		
管理		

登記坪數		
主建物		
陽台		
雨遮		
公共設施		
公設比		
房／廳		
開價		
車位		
管理費		
		年　　月　　日

大廳公設
lobby

〔A〕警衛

☐ 戒備森嚴　　☐ 有警衛老伯伯
☐ 沒有警衛　　☐ 其他／備註

〔B〕保全

☐ 室內外多處監視器　　☐ 室內有監視
☐ 只有電梯跟大廳　　☐ 其他／備註

〔C〕公設

☐ 管理得當　　☐ 有些公設如游泳池封起來不用
☐ 又舊又髒　　☐ 其他／備註

〔D〕櫃檯

☐ 飯店式管理服務　　☐ 一般辦公桌放在門口
☐ 沒有服務　　☐ 其他／備註

〔E〕廁所

☐ 每日清潔氣味清新　　☐ 有點亂，部分有發霉
☐ 沒有廁所或是髒臭　　☐ 其他／備註

〔F〕隔音

□有人大聲唱歌也聽不到　□有些吵，關門就還好
□聽得到噁心歌聲　□其他／備註

〔G〕亮度

□明亮，晚上才需要開燈　□有些角落沒開燈暗暗的
□白天都是暗的　□其他／備註

〔H〕透視

□從外面只能看到櫃檯　□從外面看到信箱或電梯
□大門永遠開的　□其他／備註

〔I〕植栽

□定期整理，造景美麗　□有些枯枝亂葉
□住戶自己擺盆栽　□其他／備註

〔J〕燈光

□晚上定時外觀夜景投射燈　□節日才開外觀燈
□沒有這個　□其他／備註

〔K〕備忘事項

樓層間

stairway

〔A〕戶數

□一層一戶　　□一層兩戶
□一層三戶以上　　□其他／備註

〔B〕電梯

□兩部以上，有分客梯與貨梯　　□只有兩部電梯
□一部電梯或沒有　　□其他／備註

〔C〕採光

□明亮，有自然採光　　□有自動感應燈裝置
□省電，都關起來　　□其他／備註

〔D〕消防

□有排煙及偵測、滅火等裝置　　□有滅火器
□什麼也沒有　　□其他／備註

〔E〕鞋櫃

□乾乾淨淨什麼都沒有　　□有一些鞋子放門口
□有鞋櫃跟雜物　　□其他／備註

室內格局
Indoor

〔Ａ〕採光

□三面開窗　□兩面開窗
□單面開窗　□其他／備註

〔Ｂ〕格局

□方正　□長條有缺口
□彎來彎去　□其他／備註

〔Ｃ〕客廳

□朝南　□朝東　□朝北
□朝西　□其他／備註

〔Ｄ〕大小

□方正開闊四米以上寬、深　□三米以上方正獨立空間
□三米以內　□其他／備註

〔Ｅ〕餐廳

□方正有採光　□過道處
□沒有　□其他／備註

〔F〕廚房

☐ 朝南　☐ 朝東　☐ 朝北

☐ 朝西　☐ 其他／備註

〔G〕大小

☐ ㄇ字型寬敞有採光　☐ 一字型獨立廚房

☐ 一字型開放小廚房　☐ 其他／備註

〔H〕主臥

☐ 朝南　☐ 朝東　☐ 朝北

☐ 朝西　☐ 其他／備註

〔I〕大小

☐ 放雙人床跟大衣櫃也不覺得壓迫　☐ 放不下梳妝台

☐ 空間很擠　☐ 其他／備註

〔J〕次臥

☐ 朝南　☐ 朝東　☐ 朝北

☐ 朝西　☐ 其他／備註

〔K〕大小

☐ 放雙人床跟大衣櫃也不覺得壓迫　☐ 放不下梳妝台

☐ 空間很擠　☐ 其他／備註

〔L〕衛浴

□朝南　□朝東　□朝北
□朝西　□其他／備註

〔M〕大小

□四件式乾濕分離有採光　□不大有採光
□沒開窗狹小　□其他／備註

〔N〕陽台

□朝南　□朝東　□朝北
□朝西　□其他／備註

〔O〕大小

□有工作後陽台　□一堆陽台要外推
□沒有陽台　□其他／備註

〔P〕雨遮

□窗戶外有二十公分寬　□有五十公分寬
□只要窗戶全部都是雨遮　□其他／備註

〔Q〕備忘事項

建材
materials

〔A〕地板

☐ 石材或實木地板　☐ 拋光石英磚或海島型木地板
☐ 一般地磚　☐ 其他／備註

〔B〕廚具

☐ 鋼琴烤漆櫃體　☐ 有造型櫃體
☐ 一般美耐板或水晶面板　☐ 其他／備註

〔C〕衛浴

☐ 一級進口品　☐ 和成牌
☐ 看起來像山寨的英文品牌　☐ 其他／備註

〔D〕窗戶

☐ YKK、中華等氣密窗　☐ 力霸錦鋐氣密窗
☐ 普通鋁窗　☐ 其他／備註

〔E〕監控

☐ 情境管理系統　☐ 螢幕式監控
☐ 只有電話機接一樓　☐ 其他／備註

〔F〕樓厚

□使用隔音樓版,隔音佳　　□厚度二十公分
□一般,十五公分　　□其他／備註

〔G〕制震

□半數以上樓層裝有制震設備　　□約一半樓層裝
□沒有或裝幾根　　□其他／備註

〔H〕電力

□全戶不斷電　　□冰箱插頭不斷電
□沒有這個系統或是只有電梯有　　□其他／備註

〔I〕空調

□分離式冰水主機系統　　□有統一位置的分離式冷氣
□隨便都可　　□其他／備註

〔J〕大門

□雙開雕花防爆門　　□很重的防火門
□一般鐵門或銅門　　□其他／備註

〔K〕備忘事項

個案評比	1	2
坪數		
開價		
小環境		
社區格局		
氣派度 管理品質		
停車位 大小位置		
當層		
屋況		
客廳		
臥室		
衛浴		
廚房		
工作陽台		
賣方狀況		
致命問題		

備註

看屋個案記錄表 4

	資訊	筆記
地址		
建商		
完工日期		
登記用途		
樓高		
樓別		
同層戶數		
主結構		
管理		

登記坪數		
主建物		
陽台		
雨遮		
公共設施		
公設比		
房／廳		
開價		
車位		
管理費		
		年　月　日

大廳公設
lobby

〔A〕警衛
□ 戒備森嚴　　□ 有警衛老伯伯
□ 沒有警衛　　□ 其他／備註

〔B〕保全
□ 室內外多處監視器　　□ 室內有監視
□ 只有電梯跟大廳　　□ 其他／備註

〔C〕公設
□ 管理得當　　□ 有些公設如游泳池封起來不用
□ 又舊又髒　　□ 其他／備註

〔D〕櫃檯
□ 飯店式管理服務　　□ 一般辦公桌放在門口
□ 沒有服務　　□ 其他／備註

〔E〕廁所
□ 每日清潔氣味清新　　□ 有點亂，部分有發霉
□ 沒有廁所或是髒臭　　□ 其他／備註

〔F〕隔音

□有人大聲唱歌也聽不到　　□有些吵，關門就還好

□聽得到噁心歌聲　　□其他／備註

〔G〕亮度

□明亮，晚上才需要開燈　　□有些角落沒開燈暗暗的

□白天都是暗的　　□其他／備註

〔H〕透視

□從外面只能看到櫃檯　　□從外面看到信箱或電梯

□大門永遠開的　　□其他／備註

〔I〕植栽

□定期整理，造景美麗　　□有些枯枝亂葉

□住戶自己擺盆栽　　□其他／備註

〔J〕燈光

□晚上定時外觀夜景投射燈　　□節日才開外觀燈

□沒有這個　　□其他／備註

〔K〕備忘事項

樓層間
stairway

〔A〕戶數

□一層一戶　　□一層兩戶
□一層三戶以上　　□其他／備註

〔B〕電梯

□兩部以上，有分客梯與貨梯　　□只有兩部電梯
□一部電梯或沒有　　□其他／備註

〔C〕採光

□明亮，有自然採光　　□有自動感應燈裝置
□省電，都關起來　　□其他／備註

〔D〕消防

□有排煙及偵測、滅火等裝置　　□有滅火器
□什麼也沒有　　□其他／備註

〔E〕鞋櫃

□乾乾淨淨什麼都沒有　　□有一些鞋子放門口
□有鞋櫃跟雜物　　□其他／備註

室內格局
Indoor

〔A〕採光

☐ 三面開窗　☐ 兩面開窗
☐ 單面開窗　☐ 其他／備註

〔B〕格局

☐ 方正　☐ 長條有缺口
☐ 彎來彎去　☐ 其他／備註

〔C〕客廳

☐ 朝南　☐ 朝東　☐ 朝北
☐ 朝西　☐ 其他／備註

〔D〕大小

☐ 方正開闊四米以上寬、深　☐ 三米以上方正獨立空間
☐ 三米以內　☐ 其他／備註

〔E〕餐廳

☐ 方正有採光　☐ 過道處
☐ 沒有　☐ 其他／備註

〔F〕廚房

□朝南　□朝東　□朝北
□朝西　□其他／備註

〔G〕大小

□ㄇ字型寬敞有採光　□一字型獨立廚房
□一字型開放小廚房　□其他／備註

〔H〕主臥

□朝南　□朝東　□朝北
□朝西　□其他／備註

〔I〕大小

□放雙人床跟大衣櫃也不覺得壓迫　□放不下梳妝台
□空間很擠　□其他／備註

〔J〕次臥

□朝南　□朝東　□朝北
□朝西　□其他／備註

〔K〕大小

□放雙人床跟大衣櫃也不覺得壓迫　□放不下梳妝台
□空間很擠　□其他／備註

〔L〕衛浴

□朝南　　□朝東　　□朝北
□朝西　　□其他／備註

〔M〕大小

□四件式乾濕分離有採光　　□不大有採光
□沒開窗狹小　　□其他／備註

〔N〕陽台

□朝南　　□朝東　　□朝北
□朝西　　□其他／備註

〔O〕大小

□有工作後陽台　　□一堆陽台要外推
□沒有陽台　　□其他／備註

〔P〕雨遮

□窗戶外有二十公分寬　　□有五十公分寬
□只要窗戶全部都是雨遮　　□其他／備註

〔Q〕備忘事項

建材
materials

〔A〕地板

☐石材或實木地板　☐拋光石英磚或海島型木地板
☐一般地磚　☐其他／備註

〔B〕廚具

☐鋼琴烤漆櫃體　☐有造型櫃體
☐一般美耐板或水晶面板　☐其他／備註

〔C〕衛浴

☐一級進口品　☐和成牌
☐看起來像山寨的英文品牌　☐其他／備註

〔D〕窗戶

☐YKK、中華等氣密窗　☐力霸錦鋐氣密窗
☐普通鋁窗　☐其他／備註

〔E〕監控

☐情境管理系統　☐螢幕式監控
☐只有電話機接一樓　☐其他／備註

〔F〕樓厚

□ 使用隔音樓版，隔音佳　　□ 厚度二十公分
□ 一般，十五公分　　□ 其他／備註

〔G〕制震

□ 半數以上樓層裝有制震設備　　□ 約一半樓層裝
□ 沒有或裝幾根　　□ 其他／備註

〔H〕電力

□ 全戶不斷電　　□ 冰箱插頭不斷電
□ 沒有這個系統或是只有電梯有　　□ 其他／備註

〔I〕空調

□ 分離式冰水主機系統　　□ 有統一位置的分離式冷氣
□ 隨便都可　　□ 其他／備註

〔J〕大門

□ 雙開雕花防爆門　　□ 很重的防火門
□ 一般鐵門或銅門　　□ 其他／備註

〔K〕備忘事項

物件

看屋個案記錄表 5

	資訊	筆記
地址		
建商		
完工日期		
登記用途		
樓高		
樓別		
同層戶數		
主結構		
管理		

登記坪數		
主建物		
陽台		
雨遮		
公共設施		
公設比		
房/廳		
開價		
車位		
管理費		

年　　月　　日

大廳公設
lobby

〔A〕警衛

□ 戒備森嚴　　□ 有警衛老伯伯
□ 沒有警衛　　□ 其他／備註

〔B〕保全

□ 室內外多處監視器　　□ 室內有監視
□ 只有電梯跟大廳　　□ 其他／備註

〔C〕公設

□ 管理得當　　□ 有些公設如游泳池封起來不用
□ 又舊又髒　　□ 其他／備註

〔D〕櫃檯

□ 飯店式管理服務　　□ 一般辦公桌放在門口
□ 沒有服務　　□ 其他／備註

〔E〕廁所

□ 每日清潔氣味清新　　□ 有點亂，部分有發霉
□ 沒有廁所或是髒臭　　□ 其他／備註

〔F〕隔音

□有人大聲唱歌也聽不到　　□有些吵,關門就還好

□聽得到噁心歌聲　　□其他/備註

〔G〕亮度

□明亮,晚上才需要開燈　　□有些角落沒開燈暗暗的

□白天都是暗的　　□其他/備註

〔H〕透視

□從外面只能看到櫃檯　　□從外面看到信箱或電梯

□大門永遠開的　　□其他/備註

〔I〕植栽

□定期整理,造景美麗　　□有些枯枝亂葉

□住戶自己擺盆栽　　□其他/備註

〔J〕燈光

□晚上定時外觀夜景投射燈　　□節日才開外觀燈

□沒有這個　　□其他/備註

〔K〕備忘事項

樓層間
stairway

〔A〕戶數

□一層一戶　□一層兩戶
□一層三戶以上　□其他／備註

〔B〕電梯

□兩部以上，有分客梯與貨梯　□只有兩部電梯
□一部電梯或沒有　□其他／備註

〔C〕採光

□明亮，有自然採光　□有自動感應燈裝置
□省電，都關起來　□其他／備註

〔D〕消防

□有排煙及偵測、滅火等裝置　□有滅火器
□什麼也沒有　□其他／備註

〔E〕鞋櫃

□乾乾淨淨什麼都沒有　□有一些鞋子放門口
□有鞋櫃跟雜物　□其他／備註

室內格局
Indoor

〔A〕採光

□三面開窗　□兩面開窗
□單面開窗　□其他／備註

〔B〕格局

□方正　　□長條有缺口
□彎來彎去　□其他／備註

〔C〕客廳

□朝南　□朝東　□朝北
□朝西　□其他／備註

〔D〕大小

□方正開闊四米以上寬、深　□三米以上方正獨立空間
□三米以內　□其他／備註

〔E〕餐廳

□方正有採光　□過道處
□沒有　□其他／備註

〔F〕廚房

□朝南　□朝東　□朝北
□朝西　□其他／備註

〔G〕大小

□ㄇ字型寬敞有採光　□一字型獨立廚房
□一字型開放小廚房　□其他／備註

〔H〕主臥

□朝南　□朝東　□朝北
□朝西　□其他／備註

〔I〕大小

□放雙人床跟大衣櫃也不覺得壓迫　□放不下梳妝台
□空間很擠　□其他／備註

〔J〕次臥

□朝南　□朝東　□朝北
□朝西　□其他／備註

〔K〕大小

□放雙人床跟大衣櫃也不覺得壓迫　□放不下梳妝台
□空間很擠　□其他／備註

〔L〕衛浴

□朝南 □朝東 □朝北
□朝西 □其他／備註

〔M〕大小

□四件式乾濕分離有採光 □不大有採光
□沒開窗狹小 □其他／備註

〔N〕陽台

□朝南 □朝東 □朝北
□朝西 □其他／備註

〔O〕大小

□有工作後陽台 □一堆陽台要外推
□沒有陽台 □其他／備註

〔P〕雨遮

□窗戶外有二十公分寬 □有五十公分寬
□只要窗戶全部都是雨遮 □其他／備註

〔Q〕備忘事項

建材
materials

〔A〕地板

□ 石材或實木地板 　□ 拋光石英磚或海島型木地板
□ 一般地磚 　□ 其他／備註

〔B〕廚具

□ 鋼琴烤漆櫃體 　□ 有造型櫃體
□ 一般美耐板或水晶面板 　□ 其他／備註

〔C〕衛浴

□ 一級進口品 　□ 和成牌
□ 看起來像山寨的英文品牌 　□ 其他／備註

〔D〕窗戶

□ YKK、中華等氣密窗 　□ 力霸錦鋐氣密窗
□ 普通鋁窗 　□ 其他／備註

〔E〕監控

□ 情境管理系統 　□ 螢幕式監控
□ 只有電話機接一樓 　□ 其他／備註

〔F〕樓厚

□使用隔音樓版，隔音佳　□厚度二十公分
□一般，十五公分　□其他／備註

〔G〕制震

□半數以上樓層裝有制震設備　□約一半樓層裝
□沒有或裝幾根　□其他／備註

〔H〕電力

□全戶不斷電　□冰箱插頭不斷電
□沒有這個系統或是只有電梯有　□其他／備註

〔I〕空調

□分離式冰水主機系統　□有統一位置的分離式冷氣
□隨便都可　□其他／備註

〔J〕大門

□雙開雕花防爆門　□很重的防火門
□一般鐵門或銅門　□其他／備註

〔K〕備忘事項

物件

看屋個案記錄表 6

	資訊	筆記
地址		
建商		
完工日期		
登記用途		
樓高		
樓別		
同層戶數		
主結構		
管理		

登記 坪數		
主建物		
陽台		
雨遮		
公共 設施		
公設比		
房／廳		
開價		
車位		
管理費		

年　　　月　　　日

大廳公設
lobby

〔A〕警衛
□ 戒備森嚴　　□ 有警衛老伯伯
□ 沒有警衛　　□ 其他／備註

〔B〕保全
□ 室內外多處監視器　　□ 室內有監視
□ 只有電梯跟大廳　　□ 其他／備註

〔C〕公設
□ 管理得當　　□ 有些公設如游泳池封起來不用
□ 又舊又髒　　□ 其他／備註

〔D〕櫃檯
□ 飯店式管理服務　　□ 一般辦公桌放在門口
□ 沒有服務　　□ 其他／備註

〔E〕廁所
□ 每日清潔氣味清新　　□ 有點亂，部分有發霉
□ 沒有廁所或是髒臭　　□ 其他／備註

〔F〕隔音

☐ 有人大聲唱歌也聽不到　☐ 有些吵，關門就還好
☐ 聽得到噁心歌聲　☐ 其他／備註

〔G〕亮度

☐ 明亮，晚上才需要開燈　☐ 有些角落沒開燈暗暗的
☐ 白天都是暗的　☐ 其他／備註

〔H〕透視

☐ 從外面只能看到櫃檯　☐ 從外面看到信箱或電梯
☐ 大門永遠開的　☐ 其他／備註

〔I〕植栽

☐ 定期整理，造景美麗　☐ 有些枯枝亂葉
☐ 住戶自己擺盆栽　☐ 其他／備註

〔J〕燈光

☐ 晚上定時外觀夜景投射燈　☐ 節日才開外觀燈
☐ 沒有這個　☐ 其他／備註

〔K〕備忘事項

樓層間
stairway

〔A〕戶數
□一層一戶　□一層兩戶
□一層三戶以上　□其他／備註

〔B〕電梯
□兩部以上，有分客梯與貨梯　□只有兩部電梯
□一部電梯或沒有　□其他／備註

〔C〕採光
□明亮，有自然採光　□有自動感應燈裝置
□省電，都關起來　□其他／備註

〔D〕消防
□有排煙及偵測、滅火等裝置　□有滅火器
□什麼也沒有　□其他／備註

〔E〕鞋櫃
□乾乾淨淨什麼都沒有　□有一些鞋子放門口
□有鞋櫃跟雜物　□其他／備註

室內格局
Indoor

〔A〕採光

☐ 三面開窗　☐ 兩面開窗
☐ 單面開窗　☐ 其他／備註

〔B〕格局

☐ 方正　☐ 長條有缺口
☐ 彎來彎去　☐ 其他／備註

〔C〕客廳

☐ 朝南　☐ 朝東　☐ 朝北
☐ 朝西　☐ 其他／備註

〔D〕大小

☐ 方正開闊四米以上寬、深　☐ 三米以上方正獨立空間
☐ 三米以內　☐ 其他／備註

〔E〕餐廳

☐ 方正有採光　☐ 過道處
☐ 沒有　☐ 其他／備註

〔F〕廚房

□朝南　□朝東　□朝北
□朝西　□其他／備註

〔G〕大小

□ㄇ字型寬敞有採光　□一字型獨立廚房
□一字型開放小廚房　□其他／備註

〔H〕主臥

□朝南　□朝東　□朝北
□朝西　□其他／備註

〔I〕大小

□放雙人床跟大衣櫃也不覺得壓迫　□放不下梳妝台
□空間很擠　□其他／備註

〔J〕次臥

□朝南　□朝東　□朝北
□朝西　□其他／備註

〔K〕大小

□放雙人床跟大衣櫃也不覺得壓迫　□放不下梳妝台
□空間很擠　□其他／備註

〔L〕衛浴

□朝南　□朝東　□朝北

□朝西　□其他／備註

〔M〕大小

□四件式乾濕分離有採光　□不大有採光

□沒開窗狹小　□其他／備註

〔N〕陽台

□朝南　□朝東　□朝北

□朝西　□其他／備註

〔O〕大小

□有工作後陽台　□一堆陽台要外推

□沒有陽台　□其他／備註

〔P〕雨遮

□窗戶外有二十公分寬　□有五十公分寬

□只要窗戶全部都是雨遮　□其他／備註

〔Q〕備忘事項

建材

materials

〔A〕地板

□ 石材或實木地板　□ 拋光石英磚或海島型木地板

□ 一般地磚　□ 其他／備註

〔B〕廚具

□ 鋼琴烤漆櫃體　□ 有造型櫃體

□ 一般美耐板或水晶面板　□ 其他／備註

〔C〕衛浴

□ 一級進口品　□ 和成牌

□ 看起來像山寨的英文品牌　□ 其他／備註

〔D〕窗戶

□ YKK、中華等氣密窗　□ 力霸錦鋐氣密窗

□ 普通鋁窗　□ 其他／備註

〔E〕監控

□ 情境管理系統　□ 螢幕式監控

□ 只有電話機接一樓　□ 其他／備註

〔F〕樓厚

□使用隔音樓版，隔音佳　　□厚度二十公分
□一般，十五公分　　□其他／備註

〔G〕制震

□半數以上樓層裝有制震設備　　□約一半樓層裝
□沒有或裝幾根　　□其他／備註

〔H〕電力

□全戶不斷電　　□冰箱插頭不斷電
□沒有這個系統或是只有電梯有　　□其他／備註

〔I〕空調

□分離式冰水主機系統　　□有統一位置的分離式冷氣
□隨便都可　　□其他／備註

〔J〕大門

□雙開雕花防爆門　　□很重的防火門
□一般鐵門或銅門　　□其他／備註

〔K〕備忘事項

個案評比	4	5
坪數		
開價		
小環境		
社區格局		
氣派度 管理品質		
停車位 大小位置		
當層		
屋況		
客廳		
臥室		
衛浴		
廚房		
工作陽台		
賣方狀況		
致命問題		

看屋個案記錄表 7

	資訊	筆記
地址		
建商		
完工日期		
登記用途		
樓高		
樓別		
同層戶數		
主結構		
管理		

登記坪數		
主建物		
陽台		
雨遮		
公共設施		
公設比		
房／廳		
開價		
車位		
管理費		
		年　　月　　日

大廳公設
lobby

〔A〕警衛
☐ 戒備森嚴　　☐ 有警衛老伯伯
☐ 沒有警衛　　☐ 其他／備註

〔B〕保全
☐ 室內外多處監視器　　☐ 室內有監視
☐ 只有電梯跟大廳　　☐ 其他／備註

〔C〕公設
☐ 管理得當　　☐ 有些公設如游泳池封起來不用
☐ 又舊又髒　　☐ 其他／備註

〔D〕櫃檯
☐ 飯店式管理服務　　☐ 一般辦公桌放在門口
☐ 沒有服務　　☐ 其他／備註

〔E〕廁所
☐ 每日清潔氣味清新　　☐ 有點亂，部分有發霉
☐ 沒有廁所或是髒臭　　☐ 其他／備註

〔F〕隔音
□有人大聲唱歌也聽不到 □有些吵，關門就還好
□聽得到噁心歌聲 □其他／備註

〔G〕亮度
□明亮，晚上才需要開燈 □有些角落沒開燈暗暗的
□白天都是暗的 □其他／備註

〔H〕透視
□從外面只能看到櫃檯 □從外面看到信箱或電梯
□大門永遠開的 □其他／備註

〔I〕植栽
□定期整理，造景美麗 □有些枯枝亂葉
□住戶自己擺盆栽 □其他／備註

〔J〕燈光
□晚上定時外觀夜景投射燈 □節日才開外觀燈
□沒有這個 □其他／備註

〔K〕備忘事項

樓層間
stairway

〔A〕戶數

□一層一戶　□一層兩戶
□一層三戶以上　□其他／備註

〔B〕電梯

□兩部以上，有分客梯與貨梯　□只有兩部電梯
□一部電梯或沒有　□其他／備註

〔C〕採光

□明亮，有自然採光　□有自動感應燈裝置
□省電，都關起來　□其他／備註

〔D〕消防

□有排煙及偵測、滅火等裝置　□有滅火器
□什麼也沒有　□其他／備註

〔E〕鞋櫃

□乾乾淨淨什麼都沒有　□有一些鞋子放門口
□有鞋櫃跟雜物　□其他／備註

室內格局
Indoor

〔A〕採光

□ 三面開窗　　□ 兩面開窗
□ 單面開窗　　□ 其他／備註

〔B〕格局

□ 方正　　□ 長條有缺口
□ 彎來彎去　　□ 其他／備註

〔C〕客廳

□ 朝南　　□ 朝東　　□ 朝北
□ 朝西　　□ 其他／備註

〔D〕大小

□ 方正開闊四米以上寬、深　　□ 三米以上方正獨立空間
□ 三米以內　　□ 其他／備註

〔E〕餐廳

□ 方正有採光　　□ 過道處
□ 沒有　　□ 其他／備註

〔F〕廚房

□朝南　□朝東　□朝北
□朝西　□其他／備註

〔G〕大小

□ㄇ字型寬敞有採光　□一字型獨立廚房
□一字型開放小廚房　□其他／備註

〔H〕主臥

□朝南　□朝東　□朝北
□朝西　□其他／備註

〔I〕大小

□放雙人床跟大衣櫃也不覺得壓迫　□放不下梳妝台
□空間很擠　□其他／備註

〔J〕次臥

□朝南　□朝東　□朝北
□朝西　□其他／備註

〔K〕大小

□放雙人床跟大衣櫃也不覺得壓迫　□放不下梳妝台
□空間很擠　□其他／備註

〔L〕衛浴

□朝南　□朝東　□朝北
□朝西　□其他／備註

〔M〕大小

□四件式乾濕分離有採光　□不大有採光
□沒開窗狹小　□其他／備註

〔N〕陽台

□朝南　□朝東　□朝北
□朝西　□其他／備註

〔O〕大小

□有工作後陽台　□一堆陽台要外推
□沒有陽台　□其他／備註

〔P〕雨遮

□窗戶外有二十公分寬　□有五十公分寬
□只要窗戶全部都是雨遮　□其他／備註

〔Q〕備忘事項

建材
materials

〔A〕地板
□石材或實木地板　□拋光石英磚或海島型木地板
□一般地磚　□其他／備註

〔B〕廚具
□鋼琴烤漆櫃體　□有造型櫃體
□一般美耐板或水晶面板　□其他／備註

〔C〕衛浴
□一級進口品　□和成牌
□看起來像山寨的英文品牌　□其他／備註

〔D〕窗戶
□YKK、中華等氣密窗　□力霸錦鋐氣密窗
□普通鋁窗　□其他／備註

〔E〕監控
□情境管理系統　□螢幕式監控
□只有電話機接一樓　□其他／備註

〔F〕樓厚

□使用隔音樓版，隔音佳　□厚度二十公分
□一般，十五公分　□其他／備註

〔G〕制震

□半數以上樓層裝有制震設備　□約一半樓層裝
□沒有或裝幾根　□其他／備註

〔H〕電力

□全戶不斷電　□冰箱插頭不斷電
□沒有這個系統或是只有電梯有　□其他／備註

〔I〕空調

□分離式冰水主機系統　□有統一位置的分離式冷氣
□隨便都可　□其他／備註

〔J〕大門

□雙開雕花防爆門　□很重的防火門
□一般鐵門或銅門　□其他／備註

〔K〕備忘事項

看屋個案記錄表 8

	資訊	筆記
地址		
建商		
完工日期		
登記用途		
樓高		
樓別		
同層戶數		
主結構		
管理		

登記坪數		
主建物		
陽台		
雨遮		
公共設施		
公設比		
房／廳		
開價		
車位		
管理費		
		年　月　日

大廳公設
lobby

〔A〕警衛

☐ 戒備森嚴　　☐ 有警衛老伯伯
☐ 沒有警衛　　☐ 其他／備註

〔B〕保全

☐ 室內外多處監視器　　☐ 室內有監視
☐ 只有電梯跟大廳　　☐ 其他／備註

〔C〕公設

☐ 管理得當　　☐ 有些公設如游泳池封起來不用
☐ 又舊又髒　　☐ 其他／備註

〔D〕櫃檯

☐ 飯店式管理服務　　☐ 一般辦公桌放在門口
☐ 沒有服務　　☐ 其他／備註

〔E〕廁所

☐ 每日清潔氣味清新　　☐ 有點亂，部分有發霉
☐ 沒有廁所或是髒臭　　☐ 其他／備註

〔F〕隔音

□有人大聲唱歌也聽不到　□有些吵，關門就還好
□聽得到噁心歌聲　□其他／備註

〔G〕亮度

□明亮，晚上才需要開燈　□有些角落沒開燈暗暗的
□白天都是暗的　□其他／備註

〔H〕透視

□從外面只能看到櫃檯　□從外面看到信箱或電梯
□大門永遠開的　□其他／備註

〔I〕植栽

□定期整理，造景美麗　□有些枯枝亂葉
□住戶自己擺盆栽　□其他／備註

〔J〕燈光

□晚上定時外觀夜景投射燈　□節日才開外觀燈
□沒有這個　□其他／備註

〔K〕備忘事項

樓層間
stairway

〔A〕戶數

□一層一戶　□一層兩戶

□一層三戶以上　□其他／備註

〔B〕電梯

□兩部以上，有分客梯與貨梯　□只有兩部電梯

□一部電梯或沒有　□其他／備註

〔C〕採光

□明亮，有自然採光　□有自動感應燈裝置

□省電，都關起來　□其他／備註

〔D〕消防

□有排煙及偵測、滅火等裝置　□有滅火器

□什麼也沒有　□其他／備註

〔E〕鞋櫃

□乾乾淨淨什麼都沒有　□有一些鞋子放門口

□有鞋櫃跟雜物　□其他／備註

室內格局
Indoor

〔A〕採光

□三面開窗　□兩面開窗
□單面開窗　□其他／備註

〔B〕格局

□方正　　□長條有缺口
□彎來彎去　□其他／備註

〔C〕客廳

□朝南　□朝東　□朝北
□朝西　□其他／備註

〔D〕大小

□方正開闊四米以上寬、深　□三米以上方正獨立空間
□三米以內　□其他／備註

〔E〕餐廳

□方正有採光　□過道處
□沒有　□其他／備註

〔F〕廚房

□朝南　□朝東　□朝北
□朝西　□其他／備註

〔G〕大小

□ㄇ字型寬敞有採光　□一字型獨立廚房
□一字型開放小廚房　□其他／備註

〔H〕主臥

□朝南　□朝東　□朝北
□朝西　□其他／備註

〔I〕大小

□放雙人床跟大衣櫃也不覺得壓迫　□放不下梳妝台
□空間很擠　□其他／備註

〔J〕次臥

□朝南　□朝東　□朝北
□朝西　□其他／備註

〔K〕大小

□放雙人床跟大衣櫃也不覺得壓迫　□放不下梳妝台
□空間很擠　□其他／備註

〔L〕衛浴

□朝南　□朝東　□朝北
□朝西　□其他／備註

〔M〕大小

□四件式乾濕分離有採光　□不大有採光
□沒開窗狹小　□其他／備註

〔N〕陽台

□朝南　□朝東　□朝北
□朝西　□其他／備註

〔O〕大小

□有工作後陽台　□一堆陽台要外推
□沒有陽台　□其他／備註

〔P〕雨遮

□窗戶外有二十公分寬　□有五十公分寬
□只要窗戶全部都是雨遮　□其他／備註

〔Q〕備忘事項

建材
materials

〔A〕地板

□石材或實木地板　□抛光石英磚或海島型木地板
□一般地磚　□其他／備註

〔B〕廚具

□鋼琴烤漆櫃體　□有造型櫃體
□一般美耐板或水晶面板　□其他／備註

〔C〕衛浴

□一級進口品　□和成牌
□看起來像山寨的英文品牌　□其他／備註

〔D〕窗戶

□YKK、中華等氣密窗　□力霸錦鋐氣密窗
□普通鋁窗　□其他／備註

〔E〕監控

□情境管理系統　□螢幕式監控
□只有電話機接一樓　□其他／備註

〔F〕樓厚

□使用隔音樓版，隔音佳　□厚度二十公分
□一般，十五公分　□其他／備註

〔G〕制震

□半數以上樓層裝有制震設備　□約一半樓層裝
□沒有或裝幾根　□其他／備註

〔H〕電力

□全戶不斷電　□冰箱插頭不斷電
□沒有這個系統或是只有電梯有　□其他／備註

〔I〕空調

□分離式冰水主機系統　□有統一位置的分離式冷氣
□隨便都可　□其他／備註

〔J〕大門

□雙開雕花防爆門　□很重的防火門
□一般鐵門或銅門　□其他／備註

〔K〕備忘事項

看屋個案記錄表 9

	資訊	筆記
地址		
建商		
完工日期		
登記用途		
樓高		
樓別		
同層戶數		
主結構		
管理		

登記坪數		
主建物		
陽台		
雨遮		
公共設施		
公設比		
房／廳		
開價		
車位		
管理費		
		年　月　日

大廳公設
lobby

〔A〕警衛

☐ 戒備森嚴　☐ 有警衛老伯伯
☐ 沒有警衛　☐ 其他／備註

〔B〕保全

☐ 室內外多處監視器　☐ 室內有監視
☐ 只有電梯跟大廳　☐ 其他／備註

〔C〕公設

☐ 管理得當　☐ 有些公設如游泳池封起來不用
☐ 又舊又髒　☐ 其他／備註

〔D〕櫃檯

☐ 飯店式管理服務　☐ 一般辦公桌放在門口
☐ 沒有服務　☐ 其他／備註

〔E〕廁所

☐ 每日清潔氣味清新　☐ 有點亂，部分有發霉
☐ 沒有廁所或是髒臭　☐ 其他／備註

〔F〕隔音

□有人大聲唱歌也聽不到　　□有些吵，關門就還好
□聽得到噁心歌聲　□其他／備註

〔G〕亮度

□明亮，晚上才需要開燈　□有些角落沒開燈暗暗的
□白天都是暗的　□其他／備註

〔H〕透視

□從外面只能看到櫃檯　□從外面看到信箱或電梯
□大門永遠開的　□其他／備註

〔I〕植栽

□定期整理，造景美麗　□有些枯枝亂葉
□住戶自己擺盆栽　□其他／備註

〔J〕燈光

□晚上定時外觀夜景投射燈　□節日才開外觀燈
□沒有這個　□其他／備註

〔K〕備忘事項

樓層間
stairway

〔A〕戶數

□一層一戶　　□一層兩戶
□一層三戶以上　　□其他／備註

〔B〕電梯

□兩部以上，有分客梯與貨梯　　□只有兩部電梯
□一部電梯或沒有　　□其他／備註

〔C〕採光

□明亮，有自然採光　　□有自動感應燈裝置
□省電，都關起來　　□其他／備註

〔D〕消防

□有排煙及偵測、滅火等裝置　　□有滅火器
□什麼也沒有　　□其他／備註

〔E〕鞋櫃

□乾乾淨淨什麼都沒有　　□有一些鞋子放門口
□有鞋櫃跟雜物　　□其他／備註

室內格局
Indoor

〔A〕採光

□三面開窗　□兩面開窗
□單面開窗　□其他／備註

〔B〕格局

□方正　　□長條有缺口
□彎來彎去　□其他／備註

〔C〕客廳

□朝南　□朝東　□朝北
□朝西　□其他／備註

〔D〕大小

□方正開闊四米以上寬、深　□三米以上方正獨立空間
□三米以內　□其他／備註

〔E〕餐廳

□方正有採光　□過道處
□沒有　□其他／備註

〔F〕廚房

□朝南　□朝東　□朝北
□朝西　□其他／備註

〔G〕大小

□ㄇ字型寬敞有採光　□一字型獨立廚房
□一字型開放小廚房　□其他／備註

〔H〕主臥

□朝南　□朝東　□朝北
□朝西　□其他／備註

〔I〕大小

□放雙人床跟大衣櫃也不覺得壓迫　□放不下梳妝台
□空間很擠　□其他／備註

〔J〕次臥

□朝南　□朝東　□朝北
□朝西　□其他／備註

〔K〕大小

□放雙人床跟大衣櫃也不覺得壓迫　□放不下梳妝台
□空間很擠　□其他／備註

〔L〕衛浴

□朝南　□朝東　□朝北
□朝西　□其他／備註

〔M〕大小

□四件式乾濕分離有採光　□不大有採光
□沒開窗狹小　□其他／備註

〔N〕陽台

□朝南　□朝東　□朝北
□朝西　□其他／備註

〔O〕大小

□有工作後陽台　□一堆陽台要外推
□沒有陽台　□其他／備註

〔P〕雨遮

□窗戶外有二十公分寬　□有五十公分寬
□只要窗戶全部都是雨遮　□其他／備註

〔Q〕備忘事項

建材
materials

〔 A 〕地板
□ 石材或實木地板　　□ 拋光石英磚或海島型木地板
□ 一般地磚　　□ 其他／備註

〔 B 〕廚具
□ 鋼琴烤漆櫃體　　□ 有造型櫃體
□ 一般美耐板或水晶面板　　□ 其他／備註

〔 C 〕衛浴
□ 一級進口品　　□ 和成牌
□ 看起來像山寨的英文品牌　　□ 其他／備註

〔 D 〕窗戶
□ ＹＫＫ、中華等氣密窗　　□ 力霸錦鋐氣密窗
□ 普通鋁窗　　□ 其他／備註

〔 E 〕監控
□ 情境管理系統　　□ 螢幕式監控
□ 只有電話機接一樓　　□ 其他／備註

〔F〕樓厚

□使用隔音樓版，隔音佳　□厚度二十公分
□一般，十五公分　□其他／備註

〔G〕制震

□半數以上樓層裝有制震設備　□約一半樓層裝
□沒有或裝幾根　□其他／備註

〔H〕電力

□全戶不斷電　□冰箱插頭不斷電
□沒有這個系統或是只有電梯有　□其他／備註

〔I〕空調

□分離式冰水主機系統　□有統一位置的分離式冷氣
□隨便都可　□其他／備註

〔J〕大門

□雙開雕花防爆門　□很重的防火門
□一般鐵門或銅門　□其他／備註

〔K〕備忘事項

個案評比	7	8
坪數		
開價		
小環境		
社區格局		
氣派度 管理品質		
停車位 大小位置		
當層		
屋況		
客廳		
臥室		
衛浴		
廚房		
工作陽台		
賣方狀況		
致命問題		

9   備註

物件

看屋個案記錄表 10

	資訊	筆記
地址		
建商		
完工日期		
登記用途		
樓高		
樓別		
同層戶數		
主結構		
管理		

登記 坪數		
主建物		
陽台		
雨遮		
公共 設施		
公設比		
房／廳		
開價		
車位		
管理費		
		年　　月　　日

大廳公設
lobby

〔A〕警衛
- □ 戒備森嚴　　□ 有警衛老伯伯
- □ 沒有警衛　　□ 其他／備註

〔B〕保全
- □ 室內外多處監視器　　□ 室內有監視
- □ 只有電梯跟大廳　　□ 其他／備註

〔C〕公設
- □ 管理得當　　□ 有些公設如游泳池封起來不用
- □ 又舊又髒　　□ 其他／備註

〔D〕櫃檯
- □ 飯店式管理服務　　□ 一般辦公桌放在門口
- □ 沒有服務　　□ 其他／備註

〔E〕廁所
- □ 每日清潔氣味清新　　□ 有點亂，部分有發霉
- □ 沒有廁所或是髒臭　　□ 其他／備註

〔F〕隔音

□有人大聲唱歌也聽不到　　□有些吵，關門就還好
□聽得到噁心歌聲　□其他／備註

〔G〕亮度

□明亮，晚上才需要開燈　　□有些角落沒開燈暗暗的
□白天都是暗的　□其他／備註

〔H〕透視

□從外面只能看到櫃檯　　□從外面看到信箱或電梯
□大門永遠開的　□其他／備註

〔Ｉ〕植栽

□定期整理，造景美麗　　□有些枯枝亂葉
□住戶自己擺盆栽　□其他／備註

〔J〕燈光

□晚上定時外觀夜景投射燈　　□節日才開外觀燈
□沒有這個　□其他／備註

〔K〕備忘事項

樓層間
stairway

〔A〕戶數

□一層一戶　□一層兩戶
□一層三戶以上　□其他／備註

〔B〕電梯

□兩部以上，有分客梯與貨梯　□只有兩部電梯
□一部電梯或沒有　□其他／備註

〔C〕採光

□明亮，有自然採光　□有自動感應燈裝置
□省電，都關起來　□其他／備註

〔D〕消防

□有排煙及偵測、滅火等裝置　□有滅火器
□什麼也沒有　□其他／備註

〔E〕鞋櫃

□乾乾淨淨什麼都沒有　□有一些鞋子放門口
□有鞋櫃跟雜物　□其他／備註

室內格局
Indoor

〔A〕採光

□三面開窗　□兩面開窗
□單面開窗　□其他／備註

〔B〕格局

□方正　□長條有缺口
□彎來彎去　□其他／備註

〔C〕客廳

□朝南　□朝東　□朝北
□朝西　□其他／備註

〔D〕大小

□方正開闊四米以上寬、深　□三米以上方正獨立空間
□三米以內　□其他／備註

〔E〕餐廳

□方正有採光　□過道處
□沒有　□其他／備註

〔F〕廚房

□朝南　□朝東　□朝北
□朝西　□其他／備註

〔G〕大小

□ㄇ字型寬敞有採光　□一字型獨立廚房
□一字型開放小廚房　□其他／備註

〔H〕主臥

□朝南　□朝東　□朝北
□朝西　□其他／備註

〔I〕大小

□放雙人床跟大衣櫃也不覺得壓迫　□放不下梳妝台
□空間很擠　□其他／備註

〔J〕次臥

□朝南　□朝東　□朝北
□朝西　□其他／備註

〔K〕大小

□放雙人床跟大衣櫃也不覺得壓迫　□放不下梳妝台
□空間很擠　□其他／備註

〔L〕衛浴

□朝南　□朝東　□朝北

□朝西　□其他／備註

〔M〕大小

□四件式乾濕分離有採光　□不大有採光

□沒開窗狹小　□其他／備註

〔N〕陽台

□朝南　□朝東　□朝北

□朝西　□其他／備註

〔O〕大小

□有工作後陽台　□一堆陽台要外推

□沒有陽台　□其他／備註

〔P〕雨遮

□窗戶外有二十公分寬　□有五十公分寬

□只要窗戶全部都是雨遮　□其他／備註

〔Q〕備忘事項

建材
materials

〔A〕地板
□石材或實木地板　□拋光石英磚或海島型木地板
□一般地磚　□其他／備註

〔B〕廚具
□鋼琴烤漆櫃體　□有造型櫃體
□一般美耐板或水晶面板　□其他／備註

〔C〕衛浴
□一級進口品　□和成牌
□看起來像山寨的英文品牌　□其他／備註

〔D〕窗戶
□YKK、中華等氣密窗　□力霸錦鋐氣密窗
□普通鋁窗　□其他／備註

〔E〕監控
□情境管理系統　□螢幕式監控
□只有電話機接一樓　□其他／備註

〔F〕樓厚

□使用隔音樓版，隔音佳　□厚度二十公分
□一般，十五公分　□其他／備註

〔G〕制震

□半數以上樓層裝有制震設備　□約一半樓層裝
□沒有或裝幾根　□其他／備註

〔H〕電力

□全戶不斷電　□冰箱插頭不斷電
□沒有這個系統或是只有電梯有　□其他／備註

〔I〕空調

□分離式冰水主機系統　□有統一位置的分離式冷氣
□隨便都可　□其他／備註

〔J〕大門

□雙開雕花防爆門　□很重的防火門
□一般鐵門或銅門　□其他／備註

〔K〕備忘事項

看屋個案記錄表 11

	資訊	筆記
地址		
建商		
完工日期		
登記用途		
樓高		
樓別		
同層戶數		
主結構		
管理		

登記坪數		
主建物		
陽台		
雨遮		
公共設施		
公設比		
房／廳		
開價		
車位		
管理費		
		年　月　日

大廳公設
lobby

〔A〕警衛

□ 戒備森嚴　　□ 有警衛老伯伯
□ 沒有警衛　　□ 其他／備註

〔B〕保全

□ 室內外多處監視器　　□ 室內有監視
□ 只有電梯跟大廳　　□ 其他／備註

〔C〕公設

□ 管理得當　　□ 有些公設如游泳池封起來不用
□ 又舊又髒　　□ 其他／備註

〔D〕櫃檯

□ 飯店式管理服務　　□ 一般辦公桌放在門口
□ 沒有服務　　□ 其他／備註

〔E〕廁所

□ 每日清潔氣味清新　　□ 有點亂，部分有發霉
□ 沒有廁所或是髒臭　　□ 其他／備註

〔F〕隔音

□有人大聲唱歌也聽不到　□有些吵，關門就還好
□聽得到噁心歌聲　□其他／備註

〔G〕亮度

□明亮，晚上才需要開燈　□有些角落沒開燈暗暗的
□白天都是暗的　□其他／備註

〔H〕透視

□從外面只能看到櫃檯　□從外面看到信箱或電梯
□大門永遠開的　□其他／備註

〔I〕植栽

□定期整理，造景美麗　□有些枯枝亂葉
□住戶自己擺盆栽　□其他／備註

〔J〕燈光

□晚上定時外觀夜景投射燈　□節日才開外觀燈
□沒有這個　□其他／備註

〔K〕備忘事項

樓層間
stairway

〔A〕戶數
□一層一戶　□一層兩戶
□一層三戶以上　□其他／備註

〔B〕電梯
□兩部以上，有分客梯與貨梯　□只有兩部電梯
□一部電梯或沒有　□其他／備註

〔C〕採光
□明亮，有自然採光　□有自動感應燈裝置
□省電，都關起來　□其他／備註

〔D〕消防
□有排煙及偵測、滅火等裝置　□有滅火器
□什麼也沒有　□其他／備註

〔E〕鞋櫃
□乾乾淨淨什麼都沒有　□有一些鞋子放門口
□有鞋櫃跟雜物　□其他／備註

室內格局
Indoor

〔A〕採光

□三面開窗　□兩面開窗
□單面開窗　□其他／備註

〔B〕格局

□方正　□長條有缺口
□彎來彎去　□其他／備註

〔C〕客廳

□朝南　□朝東　□朝北
□朝西　□其他／備註

〔D〕大小

□方正開闊四米以上寬、深　□三米以上方正獨立空間
□三米以內　□其他／備註

〔E〕餐廳

□方正有採光　□過道處
□沒有　□其他／備註

〔F〕廚房

□朝南　□朝東　□朝北
□朝西　□其他／備註

〔G〕大小

□ㄇ字型寬敞有採光　□一字型獨立廚房
□一字型開放小廚房　□其他／備註

〔H〕主臥

□朝南　□朝東　□朝北
□朝西　□其他／備註

〔I〕大小

□放雙人床跟大衣櫃也不覺得壓迫　□放不下梳妝台
□空間很擠　□其他／備註

〔J〕次臥

□朝南　□朝東　□朝北
□朝西　□其他／備註

〔K〕大小

□放雙人床跟大衣櫃也不覺得壓迫　□放不下梳妝台
□空間很擠　□其他／備註

〔L〕衛浴

□朝南　□朝東　□朝北
□朝西　□其他／備註

〔M〕大小

□四件式乾濕分離有採光　□不大有採光
□沒開窗狹小　□其他／備註

〔N〕陽台

□朝南　□朝東　□朝北
□朝西　□其他／備註

〔O〕大小

□有工作後陽台　□一堆陽台要外推
□沒有陽台　□其他／備註

〔P〕雨遮

□窗戶外有二十公分寬　□有五十公分寬
□只要窗戶全部都是雨遮　□其他／備註

〔Q〕備忘事項

建材
materials

〔A〕地板

☐ 石材或實木地板　　☐ 拋光石英磚或海島型木地板
☐ 一般地磚　　☐ 其他／備註

〔B〕廚具

☐ 鋼琴烤漆櫃體　　☐ 有造型櫃體
☐ 一般美耐板或水晶面板　　☐ 其他／備註

〔C〕衛浴

☐ 一級進口品　　☐ 和成牌
☐ 看起來像山寨的英文品牌　　☐ 其他／備註

〔D〕窗戶

☐ YKK、中華等氣密窗　　☐ 力霸錦鋐氣密窗
☐ 普通鋁窗　　☐ 其他／備註

〔E〕監控

☐ 情境管理系統　　☐ 螢幕式監控
☐ 只有電話機接一樓　　☐ 其他／備註

〔F〕樓厚

□使用隔音樓版，隔音佳　□厚度二十公分
□一般，十五公分　□其他／備註

〔G〕制震

□半數以上樓層裝有制震設備　□約一半樓層裝
□沒有或裝幾根　□其他／備註

〔H〕電力

□全戶不斷電　□冰箱插頭不斷電
□沒有這個系統或是只有電梯有　□其他／備註

〔I〕空調

□分離式冰水主機系統　□有統一位置的分離式冷氣
□隨便都可　□其他／備註

〔J〕大門

□雙開雕花防爆門　□很重的防火門
□一般鐵門或銅門　□其他／備註

〔K〕備忘事項

物件	看屋個案記錄表 12	
	資訊	筆記
地址		
建商		
完工日期		
登記用途		
樓高		
樓別		
同層戶數		
主結構		
管理		

登記坪數		
主建物		
陽台		
雨遮		
公共設施		
公設比		
房／廳		
開價		
車位		
管理費		

年　　月　　日

大廳公設
lobby

〔A〕警衛

□ 戒備森嚴　　□ 有警衛老伯伯
□ 沒有警衛　　□ 其他／備註

〔B〕保全

□ 室內外多處監視器　　□ 室內有監視
□ 只有電梯跟大廳　　□ 其他／備註

〔C〕公設

□ 管理得當　　□ 有些公設如游泳池封起來不用
□ 又舊又髒　　□ 其他／備註

〔D〕櫃檯

□ 飯店式管理服務　　□ 一般辦公桌放在門口
□ 沒有服務　　□ 其他／備註

〔E〕廁所

□ 每日清潔氣味清新　　□ 有點亂，部分有發霉
□ 沒有廁所或是髒臭　　□ 其他／備註

〔F〕隔音

□有人大聲唱歌也聽不到　□有些吵，關門就還好
□聽得到噁心歌聲　□其他／備註

〔G〕亮度

□明亮，晚上才需要開燈　□有些角落沒開燈暗暗的
□白天都是暗的　□其他／備註

〔H〕透視

□從外面只能看到櫃檯　□從外面看到信箱或電梯
□大門永遠開的　□其他／備註

〔I〕植栽

□定期整理，造景美麗　□有些枯枝亂葉
□住戶自己擺盆栽　□其他／備註

〔J〕燈光

□晚上定時外觀夜景投射燈　□節日才開外觀燈
□沒有這個　□其他／備註

〔K〕備忘事項

樓層間
stairway

〔A〕戶數

□一層一戶　□一層兩戶
□一層三戶以上　□其他／備註

〔B〕電梯

□兩部以上，有分客梯與貨梯　□只有兩部電梯
□一部電梯或沒有　□其他／備註

〔C〕採光

□明亮，有自然採光　□有自動感應燈裝置
□省電，都關起來　□其他／備註

〔D〕消防

□有排煙及偵測、滅火等裝置　□有滅火器
□什麼也沒有　□其他／備註

〔E〕鞋櫃

□乾乾淨淨什麼都沒有　□有一些鞋子放門口
□有鞋櫃跟雜物　□其他／備註

室內格局
Indoor

〔A〕採光

□三面開窗　　□兩面開窗
□單面開窗　　□其他／備註

〔B〕格局

□方正　　□長條有缺口
□彎來彎去　　□其他／備註

〔C〕客廳

□朝南　　□朝東　　□朝北
□朝西　　□其他／備註

〔D〕大小

□方正開闊四米以上寬、深　　□三米以上方正獨立空間
□三米以內　　□其他／備註

〔E〕餐廳

□方正有採光　　□過道處
□沒有　　□其他／備註

〔F〕廚房

□朝南　□朝東　□朝北
□朝西　□其他／備註

〔G〕大小

□ㄇ字型寬敞有採光　□一字型獨立廚房
□一字型開放小廚房　□其他／備註

〔H〕主臥

□朝南　□朝東　□朝北
□朝西　□其他／備註

〔I〕大小

□放雙人床跟大衣櫃也不覺得壓迫　□放不下梳妝台
□空間很擠　□其他／備註

〔J〕次臥

□朝南　□朝東　□朝北
□朝西　□其他／備註

〔K〕大小

□放雙人床跟大衣櫃也不覺得壓迫　□放不下梳妝台
□空間很擠　□其他／備註

〔L〕衛浴

□朝南　□朝東　□朝北
□朝西　□其他／備註

〔M〕大小

□四件式乾濕分離有採光　□不大有採光
□沒開窗狹小　□其他／備註

〔N〕陽台

□朝南　□朝東　□朝北
□朝西　□其他／備註

〔O〕大小

□有工作後陽台　□一堆陽台要外推
□沒有陽台　□其他／備註

〔P〕雨遮

□窗戶外有二十公分寬　□有五十公分寬
□只要窗戶全部都是雨遮　□其他／備註

〔Q〕備忘事項

建材
materials

〔 A 〕地板

□ 石材或實木地板　□ 拋光石英磚或海島型木地板
□ 一般地磚　□ 其他／備註

〔 B 〕廚具

□ 鋼琴烤漆櫃體　□ 有造型櫃體
□ 一般美耐板或水晶面板　□ 其他／備註

〔 C 〕衛浴

□ 一級進口品　□ 和成牌
□ 看起來像山寨的英文品牌　□ 其他／備註

〔 D 〕窗戶

□ YKK、中華等氣密窗　□ 力霸錦鋐氣密窗
□ 普通鋁窗　□ 其他／備註

〔 E 〕監控

□ 情境管理系統　□ 螢幕式監控
□ 只有電話機接一樓　□ 其他／備註

〔F〕樓厚

□使用隔音樓版，隔音佳　□厚度二十公分
□一般，十五公分　□其他／備註

〔G〕制震

□半數以上樓層裝有制震設備　□約一半樓層裝
□沒有或裝幾根　□其他／備註

〔H〕電力

□全戶不斷電　□冰箱插頭不斷電
□沒有這個系統或是只有電梯有　□其他／備註

〔I〕空調

□分離式冰水主機系統　□有統一位置的分離式冷氣
□隨便都可　□其他／備註

〔J〕大門

□雙開雕花防爆門　□很重的防火門
□一般鐵門或銅門　□其他／備註

〔K〕備忘事項

個案評比	10	11
坪數		
開價		
小環境		
社區格局		
氣派度 管理品質		
停車位 大小位置		
當層		
屋況		
客廳		
臥室		
衛浴		
廚房		
工作陽台		
賣方狀況		
致命問題		

備註

國家圖書館出版品預行編目資料
打敗黑心建商！：SWAY買房實戰DVD＋看屋筆記書
SWAY 著；— 第一版．—臺北市：推文社
2012.05 144面；13×18.5公分（實踐者：1）
ISBN 978-986-88273-0-1（精裝附光碟片）
1. 不動產業 2. 投資
554.89 101007038

實踐者 01

打敗黑心建商！

SWAY買房實戰DVD＋看屋筆記書

作者	SWAY
責任編輯	莊樹穎
校對	莊樹穎、SWAY
美術設計	IF OFFICE www.if-office.com

出版者	推文社
發行人	韓嵩齡
總經理	韓嵩齡
總編輯	SWAY
印務發行統籌	梁芳春
行銷業務	梁芳春、黃文慧、衛則旭、汪婷婷、塗幸儀

臉書	http://www.facebook.com/pushing.hanz
部落格	http://phpbook.pixnet.net/blog/pushinghanz
發行	推守文化創意股份有限公司
發行地址	106台北市大安區敦化南路一段245號9樓
電話	(02) 27752630
傳真	(02) 27511148
劃撥帳號	50043336
戶名	推守文化創意股份有限公司
讀者服務信箱	reader@php.emocm.com
總經銷	高寶書版集團
地址	114台北市內湖區洲子街88號3樓
電話	(02) 27992788
傳真	(02) 27990909

第一版第一刷 2012年5月11日
ISBN 978-986-88273-0-1